PRÉCIS HISTORIQUE

DE L'ORIGINE

DE L'ACADÉMIE ROYALE

DE

PEINTURE, SCULPTURE ET GRAVURE.

DE L'IMPRIMERIE DE J. GRATIOT.

PRÉCIS HISTORIQUE

DE L'ORIGINE

DE L'ACADÉMIE ROYALE

DE

PEINTURE, SCULPTURE ET GRAVURE,

DE SA FONDATION PAR LOUIS XIV,

DES ÉVÉNEMENS QUI LUI SONT SURVENUS A LA RÉVOLUTION,

DE SA DISSOLUTION PAR L'ASSEMBLÉE NATIONALE,

ET

DE SON RÉTABLISSEMENT PAR LOUIS XVIII.

PARIS.

MARS M. DCCC XVI.

AU ROI.

SIRE,

L'Académie royale de peinture et sculpture doit sa création à S. M. Louis XIV, de glorieuse mémoire. Ce Monarque a admiré ses statuts qui lui ont été présentés par les sages et habiles artistes qui les avaient faits. L'Académie leur a dû un siècle et demi d'honneur et de prospérité sous la protection des Rois ses successeurs.

Comme fidèles sujets et commenseaux de Votre Majesté, l'Académie devait, à la révolution, suivre son sort, et son heureux retour l'a ressuscitée. L'Académie s'enorgueillit avec reconnaissance des mémorables paroles qu'elle a dites à sa députation lors de sa première entrée en France.

« Je reçois avec plaisir l'hommage de ma fidèle Aca-
» démie qui a illustré les arts tant en France qu'en pays
» étranger ; elle peut compter sur la même protection
» que lui avaient accordée les Rois, mes prédécesseurs. »

Forcée depuis, par des circonstances malheureuses, Votre Majesté s'est éloignée de sa capitale ; et son Académie est retombée dans l'anéantissement où elle avait

AVERTISSEMENT.

Une des traces les plus remarquables de la révolution est de voir qu'un corps existant par ordre du Roi, qui l'a plusieurs fois reconnu par l'assurance de sa protection, a ordonné son rétablissement; à qui le ministre a accordé une salle provisoire pour y tenir comme antécédemment ses séances d'assemblée; qui a nommé aux places de ses officiers, vacantes par mort; qui a eu plusieurs audiences du ministre, pour réclamer la jouissance de ses honorables fonctions, qui sont de voir rentrer dans son sein les écoles d'instruction, comme faisant la base de son établissement; car une Académie sans école ressemble à un club d'assemblée de savans, dont l'existence ne produit rien d'utile.

Il est bien singulier que ce corps soit depuis deux ans en discussion sur son existence, contre une institution dont les membres sont sortis révolutionnairement de son sein; à qui le Roi a fait donner ordre de cesser ses assemblées et nominations, et qui, dans une absence du Souverain légitime, a comme été au-devant de l'usurpateur qui l'avait créé ; qui a manifesté sa joie par le discours le plus criminel, et replacé le buste du tyran en triomphe, accompagné des élèves qui ont tous été ensuite signer l'acte additionnel qui déclarait la famille royale à jamais déchue de la couronne et pour toujours bannie de la France ; puis a profité de cet intervalle pour se renforcer d'artistes élèves de l'ancienne Académie ; mais ensuite obligé de céder à des événemens dirigés par la Providence, ce corps n'a pas cessé de vouloir conserver ses injustes prétentions, et, par ses intrigues, a trouvé le moyen de paralyser les ordres du Souverain. Voilà de ces choses que l'on ne pourrait croire sans l'évidence démontrée dans ce petit Précis. Il y a plus ; le ministre lui a signifié qu'il était rayé de dessus le budget et ne serait plus payé... Par la plus inconcevable des bizarreries, ce corps, dont la non-existence est évidemment démontrée par tout ce qui peut désigner une destruction, est le seul consulté pour régler le sort de l'Académie royale de peinture et sculpture, sans que celle-ci ait pu parvenir à obtenir ce qu'elle a demandé plusieurs fois. Que la quatrième classe de l'Institut fasse un mémoire imprimé de ses prétentions, de même que l'Académie royale de son côté fera le sien : après quoi tous les deux nommeraient des commissaires pour discuter contradictoirement leurs intérêts, soit devant le ministre ou des personnes préposées par lui à cet effet; c'était le meilleur moyen d'éclairer l'autorité. L'Académie se demande depuis quand les morts s'arrogent-ils le droit de prononcer sur le sort des vivans? car, dans le fait, le Roi a ordonné que la quatrième classe de l'Institut soit rayée de dessus le budget (elle n'est plus payée), et antécédemment lui avait défendu de s'assembler. Voilà de ces phénomènes qui ne peuvent s'expliquer; et l'Académie ne voit d'autre moyen, pour recouvrer l'exercice de ses droits légitimes, que d'avoir recours à la justice du Roi, et d'éclairer son conseil par une exposition précise de ses griefs et des pièces à l'appui qui justifient sa réclamation.

Peu de causes sont aussi justes et honorables à défendre que celle de l'Académie, dont les membres, après avoir sacrifié leur jeunesse et l'aisance de leur famille, pour acquérir un talent dont les succès leur ont valu l'honneur d'être couronnés parmi plus de deux cents élèves courant la même carrière ; et se voyant parvenus au rang d'académiciens, qui procure l'honneur d'être nommés peintres du Roi, ils croyaient leur sort assuré, lorsqu'une révolution la plus immorale et sacrilége a éloigné du trône ses légitimes Souverains : la fidèle Académie du Roi a suivi son sort, et vingt-cinq années d'humiliation et d'inactivité ont persécuté des artistes qui ont été victimes de la jalousie de plusieurs de leurs confrères qui ont abusé des égaremens révolutionnaires, pour se mettre à leur place ; car il est à remarquer que, dans la révolution, la minorité agissante a toujours dominé la grande majorité qui, se croyant vertueusement tranquille sous la protection des lois, n'imaginait pas qu'on puisse impunément les violer ; mais si physiquement un léger coup de marteau suffit pour enfoncer un clou dans une planche, il faut un poids énorme pour le faire pénétrer à pareille profondeur ; de même, au moral, l'activité de la méchanceté subjugue les vertus paisibles ; aussi l'Académie a été victime pour quelques membres rebelles sortis de son propre sein. L'heureux retour si désiré du Roi avait assuré à l'Académie son rétablissement, et depuis plus de deux ans elle végète languissante sans pouvoir parvenir à rattraper sa vigoureuse et saine constitution, dont l'exercice lui a valu cent cinquante ans d'honneur et de prospérité.

Voilà le fidèle exposé de la position de l'Académie royale de peinture et sculpture ; elle m'a honoré spécialement de sa confiance, pour faire valoir et défendre ses justes réclamations. La qualité d'honoraire amateur m'en impose le devoir par l'article 3 de ses statuts, qui dit que « la surveillance des amateurs sera utile au » maintien et à la conservation des droits et in- » térêts de l'Académie. »

Si quelques individus se trouvent désignés, et que d'autres se reconnaissent dans ce Précis, ils ne peuvent s'en prendre qu'à leurs écrits imprimés, ou à leur conduite contraire aux intérêts de l'Académie, pour laquelle je sacrifie toute considération particulière. Son bonheur et celui du Roi m'ont seuls guidés.

Le travail que j'ai l'honneur de soumettre au conseil pour l'éclairer, assure au moins mon désir de prouver à l'Académie que j'ai mérité sa confiance par tous les moyens qu'il m'a été possible d'employer pour faire valoir ses justes droits. Mon zèle respectueux et ma fidélité pour le Roi me feront toujours crier de cœur : *Vive le Roi !* quand même... je n'aurais pas le bonheur de sauver notre chère Académie.

LE MARQUIS DE PAROY.

PRÉCIS HISTORIQUE

DE

L'ACADÉMIE ROYALE DE PEINTURE ET DE SCULPTURE.

Origine de sa Fondation par Louis XIV.

LA première société d'artistes réunis, fut celle connue sous le nom d'*Académie de Saint-Luc*, fondée par François Ier, ami des lettres et des beaux-arts. L'histoire ne fait pas mention si cette académie avait alors une école de dessin pour y copier le modèle vivant, et si le choix des places pour étudier le modèle était le résultat d'un concours entre les élèves.

A cette époque de l'art, l'usage de peindre sur les vitraux d'églises et autres grands monumens procurait aux artistes de fréquentes occasions d'exercer leurs talens en ce genre, beaucoup plus qu'à peindre des tableaux à l'huile sur toile : il est à remarquer que l'on a très-peu peint à fresque en France.

Les peintres de ce temps, outre qu'ils étaient obligés d'être chimistes, afin de faire eux-mêmes leurs couleurs, pour avoir toutes les nuances à leur convenance, et de passer leur ouvrage au feu pour les fixer, étaient en outre forcés de se faire recevoir de la profession de vitrier pour avoir droit de disposer à leur gré des vitraux qu'ils avaient embellis par leurs pinceaux.

Les émaux et la faïence étaient alors fort en vogue, et les habiles artistes ne dédaignaient pas de s'en occuper, à l'imitation de ceux d'Italie, dont il y en a de très-beaux peints par Jules Romains et autres grands maîtres.

De même, les sculpteurs furent obligés de se faire recevoir maîtres menuisiers, le bois étant généralement la matière la plus employée. La grande quantité de productions de sculpture de ce genre, dont beaucoup nous sont parvenues, atteste l'habileté des artistes statuaires du temps pour la sculpture du bois. L'usage d'alors de rappeler dans les édifices religieux les sujets de l'Histoire sacrée, et en particulier la vie des patrons des couvens, suffisait pour exercer le talent des artistes : tel fut long-temps l'état des beaux-arts en France.

Bien avant Louis XIV, on avait senti la nécessité de réunir en communauté ou corporation, tous les genres d'industrie qui avaient rapport aux bâtimens et au commerce en général.

Ce fut en ce moment que l'Académie de Saint-Luc devint en même temps la communauté des maîtres peintres et ouvriers sculpteurs qui se trouvèrent dès lors ne faire qu'une et même communauté avec les plus grands artistes, tels que le Sueur, Dujardin, Bourdon, Mignard, et autres, dont les talens étaient très-élevés.

Ces célèbres artistes, justement affligés de se voir confondus avec des ouvriers peintres et sculpteurs en bâtimens, dont l'ouvrage ne se mesure et ne se paie qu'à la toise, conçurent le noble projet de se séparer pour toujours de l'Académie de Saint-Luc, et de former entre eux une société d'école enseignante, digne d'honorer les beaux-arts. En conséquence, ils se réunirent et fondèrent, à leurs frais, une école de modèle vivant, dans laquelle ils admirent leurs élèves. Sous le prétexte de partager ces dépenses, plusieurs artistes de faibles talens s'étaient réunis à eux; mais les professeurs sentant ensuite le mal qui pourrait en résulter pour leur nouvelle société de s'associer des artistes d'un talent médiocre, on délibéra que ceux qui formaient déjà cette société seraient tenus de donner une production de leur art, laquelle serait déposée dans le local de leur réunion, et qu'ils n'obtiendraient cet honneur, qu'autant qu'ils auraient réuni les deux tiers des suffrages.

Cette précaution, nécessaire aux progrès des beaux-arts, illustra cette société naissante; intimida quelques artistes déjà admis : plusieurs se retirèrent sans hasarder l'épreuve exigée.

Le cardinal de Richelieu et Colbert, instruits du généreux dévouement de quelques artistes dignes, par leurs grands talens, d'illustrer leur siècle, protégèrent cet établissement naissant, et en donnèrent connaissance à Louis XIV, lequel sentant la gloire qui pouvait en résulter pour son règne, prit cette réunion d'artistes sous sa protection immédiate, la nomma son Académie royale de peinture et de sculpture, la dota d'abord d'une pension de mille livres, pour payer les frais du modèle et du luminaire, et lui accorda dans son palais du Louvre un local pour y tenir ses séances, et un autre pour ses écoles. Il nomma Lebrun son premier peintre, et les autres artistes de ladite Académie furent autorisés à prendre seuls le titre de peintres et sculpteurs du Roi. Sa Majesté les mit au nombre des commensaux de sa maison, et leur accorda des logemens et ateliers dans la galerie du Louvre; peu après il augmenta la pension qu'il porta à 4,000 liv. C'est seulement à cette époque que les artistes qui avaient jusqu'alors professé dans les écoles, par le seul amour des progrès des beaux-arts, reçurent sur ces 4,000 liv. quelques honoraires, qui s'accrurent un peu par la suite.

Ce Monarque s'étant fait rendre compte des statuts de son Académie royale de peinture et de sculpture, faits par ses premiers fondateurs, les admira et les sanctionna : tous portent un caractère de sagesse, de justice, et de prévoyance en faveur des beaux-arts. Les Rois ses prédécesseurs, Louis XV et Louis XVI, n'y ont rien changé. Aussi, par son régime intérieur, l'Académie royale de peinture et de sculpture a compté, depuis sa fondation jusqu'à la révolution, un siècle et demi d'honneur et de gloire : ce qui lui a été confirmé par les paroles remarquables de S. M. Louis XVIII, lorsqu'elle a reçu la députation de son Académie royale de peinture à son premier retour en France, *qu'elle recevait avec plaisir l'hommage de sa fidèle Académie, qui avait fait honneur aux arts tant en France qu'en pays étrangers*. Voilà des faits que vingt-cinq années d'attaques calomnieuses dirigées contre elle, n'ont pu détruire.

De l'Établissement de l'Académie à Rome.

L'Académie est encore redevable à la protection paternelle de S. M. Louis XIV, de l'établissement de l'école de Rome. Louis XV de sa munificence en comprit les dépenses dans celles de sa maison; la preuve en est, que les derniers brevets des élèves pour aller à Rome, en 1791, portaient en tête : *liste civile*.

Le palais de l'Académie royale de peinture, sculpture et architecture à Rome, situé au milieu de la ville, a été acheté par Louis XIV. L'édifice est vaste et commode à son usage; il y a une galerie ornée des plus belles figures de l'antique moulées en plâtre sur les originaux; ces figures sont destinées à l'étude des jeunes gens.

Les pensionnaires sont ordinairement onze, savoir : quatre peintres, quatre sculpteurs et trois architectes. Le nombre impair vient de ce que les architectes n'ont que trois années de pension à Rome.

Les pensionnaires vivent à la même table : ils sont logés, éclairés, chauffés, et touchent chacun 300 francs par an, payés par quartier.

En outre, ils reçoivent annuellement 42 francs pour subvenir aux frais du morceau d'étude qu'ils sont obligés de faire tous les ans, pour envoyer à l'Académie de Paris, qui porte son jugement sur ces ouvrages, et les fait passer ensuite au directeur, qui en fait part aux élèves.

Cette étude consiste, pour les peintres, en une figure peinte ; et pour les sculpteurs, en une académie de bas-relief.

Les architectes sont obligés d'envoyer tous les ans un projet. Ces ouvrages, avant de passer en France, sont exposés à la Saint-Louis ; cette exposition dure quinze jours, après quoi ils sont encaissés, et transportés aux frais du Roi.

L'Académie à Rome est gouvernée par un directeur, dont le principal emploi est de veiller à la conduite des pensionnaires, et de leur obtenir l'entrée de tous les muséum ou palais ornés d'antiques, d'après lesquels il plaît à tel ou tel élève d'étudier.

Les frais relatifs à ces études sont encore au compte du Roi.

Les gens attachés à cette maison, sont une femme de charge, un cuisinier, quelques domestiques et un Suisse ; de plus un médecin, un apothicaire, un chirurgien pour soigner les pensionnaires ou autres personnes de la maison, et un architecte pour les bâtimens.

Le directeur est amovible; tous les six ans il peut être prorogé ; il a six mille francs de traitement, une voiture et son logement. Il est obligé d'envoyer tous les trois mois au directeur général de la maison du Roi, le compte des dépenses de la pension.

Chaque pensionnaire, pendant son séjour à Rome, est tenu de faire un ouvrage qui appartient au Roi. Le peintre copie un tableau ; le sculpteur exécute en marbre une figure d'après l'antique ; l'architecte lève un plan, et donne l'élévation d'un monument antique.

Tous les frais de ces différens ouvrages sont encore au compte du Roi. Les artistes externes et amateurs, tant Français qu'étrangers, trouvent dans cet Établissement toutes les ressources qu'ils peuvent désirer. Le directeur se fait un plaisir de les leur procurer pour dessiner, soit d'aprés les antiques, soit d'après le modèle.

Tel est l'état des choses établies à Rome pour les élèves qui cultivent les arts.

De l'exposition publique du Salon, et du droit d'y placer ses ouvrages.

Le vrai et noble motif qui a engagé les fondateurs de l'ancienne Académie royale de peinture, d'établir l'usage d'une exposition périodique des productions des artistes vivans, était le désir d'illustrer la France, sous le rapport des beaux-arts, par l'exposition des productions des artistes de l'école française. Le Salon en était le vrai baromètre, et les efforts des académiciens tendaient à en placer l'aiguille au beau fixe.

C'est dans le moment d'une exposition générale, sans distinction d'artistes de pays étrangers, que l'Académie montre, et par ses membres et par ses agréés, qu'elle est le rassemblement des plus habiles artistes. En un mot, c'est par là que l'école française, malgré les efforts des autres puissances, brille seule en Europe, depuis environ cent cinquante ans.

C'est encore par cette raison, que les académiciens et les agréés avaient seuls le droit d'exposer leur ouvrage, dont leurs morceaux de réception servaient de gage pour leur talent. Il était prudent d'éviter dans une exposition publique, les productions qui portaient le cachet de la médiocrité.

L'artiste qui voit son talent couronné au salon, par le suffrage du public, préfère dans ce moment une feuille de laurier à un rameau d'or.

Il serait ridicule et même injuste d'accuser l'Académie royale de peinture, d'être tyrannique dans sa loi d'exposition, puisque tous les talens régnicoles et étrangers ont droit d'y être admis, en se soumettant aux règles prescrites par ses statuts : la médiocrité seule du talent est exclue, et le nombre de ses membres est illimité; donc ceux qui ont d'injustes prétentions à l'honneur de l'exposition au Salon, ont tort de se plaindre : ils ne peuvent s'en prendre qu'à leur médiocrité.

Le seul tribunal auquel étaient soumis les académiciens et agréés, était sous le rapport des mœurs, pour qu'aucun sujet ne pût les blesser non plus que la décence. Et si quelques membres ne se rendaient pas justice sur la faiblesse d'un morceau qu'ils exposaient, leurs confrères obligeamment et amicalement leur en faisaient apercevoir les défauts, et ils le retiraient. Voilà comment se conduisaient entre eux les académiciens, pour soutenir l'honneur du corps.

Lorsqu'en vertu de la liberté et de l'égalité, chaque artiste de tout genre eut acquis le droit d'apporter ses productions au Salon, l'exposition parut si ridicule, que l'on sentit la nécessité de former une espèce de tribunal appelé Jury, pour expulser du Salon tout ce qui pouvait exciter la risée publique. Mais où il n'y a pas d'honneur, il n'y a pas de justice. Ce premier jury était révolutionnaire, il fut tyrannique et arbitraire.

Sous Bonaparte, il y eut un second jury, mais aussi despote que le tyran qui dominait : l'opinion influençait plus que le talent. L'Institut concentrait dans son sein toutes les grâces et les travaux du gouvernement. Et si on voulait obtenir même une place avantageuse au Salon, pour faire valoir un tableau ou une statue, il fallait être en faveur auprès du directeur général des arts ou de son secrétaire, sinon on était éconduit. Tout ce qui n'était pas Bonapartiste, gémissait. Tel était le sort des artistes de l'ancienne Académie, qui n'avaient pas partagé les erreurs révolutionnaires.

Exposé historique des dissentions qui ont eu lieu à l'Académie Royale de Peinture, des motifs qui y ont donné lieu, et comment elle fut attaquée par la minorité de ses membres, qui s'en détachèrent pour former une nouvelle école centrale des arts.

Lors de l'ouverture des États généraux, la Société de l'Académie, étrangère à la politique et aux discussions qui y ont rapport, lesquelles même lui étaient impérativement interdites par ses statuts, attendait, avec une respectueuse résignation, la décision de cette lutte politique, dont les Français en général avaient peu d'idées, et dont des hommes intrigans ont profité pour servir leurs passions.

L'Académie ne fut pas à l'abri de l'orage révolutionnaire; elle renfermait dans son sein quelques factieux qui profitèrent de la fermentation générale des esprits. Plusieurs se liguèrent, et David se mit à leur tête; ils s'associèrent quelques agréés pensant comme eux, et se disant la majorité de l'Académie; SAVOIR :

6 Académiciens.	Et l'académie est composée de	
		36 officiers.
		16 amateurs.
		74 académiciens.
8 Agréés.	Il en existait plus de 40, ci.	40 agréés.
14 Réclamans dans		166 personnes.

Ils publièrent contre elle un écrit qui était plutôt un libelle qu'un mémoire (1).

L'Académie, toujours fidèle à sa conduite et amie de l'ordre et de la justice, demanda aux plaignans qu'ils eussent à faire connaître ce qu'ils trouvaient dans ses statuts qui fût contraire aux principes d'égalité et de liberté qu'ils réclamaient. Cette demande si sage resta sans réponse, parce que ces plaintes n'étaient qu'un prétexte pour les factieux, que la modération de l'Académie étonnait; car d'après les statuts qu'ils avaient juré d'observer et de maintenir, ils méritaient d'en être chassés. Mais ils voulaient la destruction de l'Académie et de toutes les institutions royales, dont l'assemblée constituante avait juré la perte.

Les séances du 30 janvier, du 6 février, du 27 février, du 6 mars, du 27 mars et 20 juin 1790, détaillent les discussions des deux partis; et la majorité de soixante et douze sur 23, a été presque toujours pour l'Académie, contre ses membres insurgés.

Cette première attaque contre l'Académie fut bientôt suivie d'une autre : ceux des artistes qui s'étaient d'abord jetés dans le parti de M. David, l'abandonnèrent pour former une autre faction

(1) Extrait des registres du 5 septembre 1789.

contre l'Académie, dont ils étaient également membres.

Mais n'étant, comme professeurs ou académiciens, que la minorité de l'Académie, dont le nombre, quoique illimité, ne s'est jamais élevé au delà de cent vingt à cent trente membres, cette minorité s'adjoignit plusieurs artistes agréés qui, au terme des statuts, n'ont jamais eu voix délibérative.

Après s'être assemblés particulièrement pendant plusieurs mois dans le local des séances de l'Académie, ils publièrent un écrit portant pour titre : *Projet d'académie centrale des beaux-arts, de peinture, sculpture et architecture.* Ils osèrent le présenter à la barre de l'assemblée constituante, comme étant le vœu de la majorité des artistes composant l'Académie royale de peinture.

L'Académie, justement affligée d'une démarche qui offensait la vérité, protesta le contraire, en même temps elle présenta à la barre de l'assemblée constituante, un mémoire ayant pour titre : *Esprit des statuts et règlemens de l'Académie royale de peinture et sculpture, pour servir de réponse aux détracteurs de son régime* (1).

(1) Imprimé chez la veuve Hérissant, imprimeur des

L'Académie n'avait pas seulement à se défendre contre la minorité de ses propres membres ; mais elle fut encore attaquée directement par un homme qui avait infructueusement étudié la sculpture pendant vingt-cinq ans, et n'avait jamais pu dépasser la médiocrité ; il avait abandonné la pratique des beaux-arts pour se jeter dans la théorie ; il osa faire imprimer un ouvrage contre l'Académie royale de peinture (1);

bâtimens du Roi et de l'Académie royale de Peinture et Sculpture, 11 novembre 1790.

(1) Considérations sur les arts du Dessin en France, suivies d'un Plan d'Académie et d'un Système d'encouragement; par M. Quatremère de Quincy. Paris, chez Duchesne, libraire, au Palais-Royal, de l'imprimerie de Devaux, rue de Chartres, n° 67. 1791.

Lequel fut victorieusement critiqué par une société d'artistes, dans un ouvrage imprimé le 22 mai 1791.

M. Quatremère, dans l'avertissement, en tête de son ouvrage, parle ainsi modestement de lui :

« C'est dans la vue d'éclairer sa détermination et son » jugement, qu'un homme connu par son impartialité sur » l'objet des disputes académiques, inaccessible aux crain» tes comme aux espérances qui décident le plus souvent » l'opinion des partis ; versé depuis long-temps dans la » partie des arts, constamment occupé des travaux litté» raires, relatifs à leur théorie, et qui le forcent d'embras» ser cette partie depuis les plus petits détails scholastiques puis faisant le législateur, il fit de nouveaux réglemens, qui ont prouvé son esprit révolutionnaire, et son ignorance des hommes et des choses. Il se croyait plus habile que les Lebrun, Lesueur, Bourdon, Sarazin, et autres célèbres

» jusqu'aux plus grands rapports spéculatifs, a résolu d'offrir à l'assemblée nationale le fruit de ses réflexions sur la » conservation, création ou amélioration des établissemens » relatifs à l'enseignement du dessin. »

Combien l'amour propre aveuglait M. Quatremère ! lui qui n'a pas seulement pu parvenir à la médiocrité dans les arts, qu'il a cherché à apprendre pendant vingt-cinq ans. Peut-il avoir les connaissances nécessaires qu'il se donne? Un homme qui n'a jamais bien fait ses affaires, ne fera jamais bien celles des autres. Mais il croyait cacher son ambition sous le voile du désintéressement; pour cela, il aurait dû ne pas fréquenter et faire des motions dans tous les clubs, être membre de la commune de Paris du temps de la terreur, puis du département, ensuite de l'assemblée, de la convention. Il n'était question que de ses motions dans tous les genres, et toutes révolutionnaires. Il n'a pas eu de cesse qu'il ne se soit fait donner la direction de changer Sainte-Geneviève en panthéon. Ses rapports prouvent ses opinions révolutionnaires, royalistes et religieuses; ils sont imprimés. Un artiste, dans une lettre imprimée le *20 mai 1791*, chez H.-J. Jansen, le dépeint ainsi, au sujet de ses considérations sur les Arts. *Il laisse à découvert le projet ambitieux de dominer, et de placer exclusivement ses amis, dont il aimerait sans doute à devenir bientôt le protecteur.*

artistes, auteurs des statuts de l'Académie, dont actuellement, croyant la dominer, il se dit l'admirateur, ainsi que bon et fidèle royaliste.

La table du Moniteur, à l'article de M. Quatremère de Quincy, 1790, n°s 53, 55; 1791, n°s 103, 293, 309, 322, 340, 347; 1792, n°s 70, 224; an 4, n°s 33, 338, 203, 295; déporté le 18 fructidor, n° 350; an 5, nommé député.

Une faction révolutionnaire en réaction avec celle de M. Quatremère, eut le dessus : il fut mis hors de la loi; et pour sauver sa tête il s'enfuit en Angleterre, où il se fit passer pour royaliste victimé, et fréquenta les émigrés qu'il a continué à voir depuis, pour s'en faire des protecteurs.

Si l'on parle ici beaucoup de M. Quatremère, c'est qu'il a été le plus grand ennemi de l'Académie, dans la révolution : il avait à se venger de n'avoir pu y être admis. De plus, il voulait former une école à sa manière; lui donner des statuts qu'il a imprimés (1).

Un homme qui a marqué aussi révolutionnairement que M. Quatremère de Quincy, depuis 1789,

(1) Considérations sur les arts du dessin en France, suivies d'un plan d'école publique, par M. Quatremère de Quincy. 1791.

et qui a témoigné, tant dans ses écrits que par ses sourdes intrigues, le désir de l'anéantissement de l'Académie, et qui, de plus, a si vandalement mutilé Sainte-Geneviève (1), devrait chercher à se faire oublier plutôt que de se mettre en évidence; c'est le sentiment des artistes.

Après le 10 août 1792, la France, devenue république démagogique, fut l'époque où les beaux-arts n'eurent plus de boussole, et les vrais talens plus de tribunal compétent pour les juger. Alors les travaux du gouvernement furent donnés de préférence à tous les artistes indistinctement, qui se montraient partisans des fureurs révolutionnaires : ils regardaient les Académies comme des moyens de distinction révoltans, et en même temps ils proposaient d'établir sur ses ruines une société des beaux-arts, comme si une société des beaux-arts n'était pas une Académie ! et ils ne

(1) Les deux rapports au directoire du département, dont il a été membre, qu'il a imprimés, le premier, en mai 1791, sur les moyens propres à transformer l'église de Sainte-Geneviève en Panthéon français, par Antoine Quatremère. Paris, imprimerie de Ballard;

Le second, le 13 novembre 1792, l'an 1er de la république française, commissaire du département pour l'administration et direction du Panthéon français; imprimerie de Ballard.

pensaient pas que le mot d'égalité, qui peut être bon à employer dans un code constitutionnel, devient dérisoire dans une société qui ne subsiste réellement qu'autant que les moindres talens qui y sont admis, sont à la hauteur du bien. Il est certain que l'esprit, l'industrie, l'instruction, l'éducation enfin, établissent des distances considérables; il serait ridicule de prendre l'égalité pour base d'une société des beaux-arts, et que les mêmes prérogatives appartinssent, dans la société, à l'ignorant comme à l'homme instruit, à la sottise ainsi qu'à l'esprit, à l'être actif et intelligent, de même qu'à celui qui est dominé par la paresse et l'imbécillité (1). Les réclamans disaient qu'il faut bannir toute idée de corps exclusif; et plus haut (2) ils exprimaient : Nous voulons nous attacher à la seule société d'artistes qui doit subsister à Paris.

On voyait percer l'ambition de plusieurs membres de l'ancienne Académie royale de peinture, qui n'avaient renversé cette société que dans l'espoir de parvenir un jour à dominer les beaux-arts : c'est à quoi ils parvinrent sous le directoire.

(1) Page 28.
(2) Page 26.

Précis historique sur l'Institut, son origine et sa formation. — De la réunion des Académies royales.

Les savans, les lettrés, les artistes, las de cette égalité qu'ils avaient malicieusement invoquée comme moyen nécessaire de renverser les sociétés savantes, dont la plupart d'entre eux faisaient partie, voulurent des distinctions qui les séparassent pour toujours de la tourbe ignorante qui traitait avec eux d'égal à égal, ce qui blessait leur vanité, sans servir leur ambition. Leur réclamation avait déjà attiré l'attention de la convention, qui allait s'occuper d'eux, lorsque le directoire, qui lui succéda, sans cesse effrayé des moindres signes de la royauté, et de tout ce qui pouvait la rappeler, porta toute son activité à anéantir ou à présenter sous d'autres formes toutes les institutions savantes qui avaient illustré la France sous la protection de ses rois. Il imagina même en faire perdre l'origine, en réunissant en un même corps les cinq anciennes Académies, l'Académie française, celle des Sciences, l'Académie des Belles-Lettres, et l'Académie de Peinture, Sculpture, et celle d'Architecture, qui portaient toutes le nom d'Académies royales.

Ces institutions royales étaient faites, par leur

nature, pour être séparées, parce qu'elles avaient pour objet des travaux différens, surtout celles de Peinture, Sculpture, et celle d'Architecture, dont l'école d'instruction fait la base.

Le directoire s'empressa d'accueillir favorablement une demande qui entrait dans ses vues; car rétablir les anciennes institutions académiques, c'était rappeler les idées monarchiques. Pour sortir d'embarras, le directoire imagina de réunir tous les réclamans sous la seule dénomination de l'Institut, divisé en trois classes. Ce fut pour cette institution que le directoire provoqua la loi du 3 brumaire an 4, concernant l'instruction publique, qui réunit toutes les anciennes académies royales sous le nom d'Institut national.

Cet Institut fut divisé en trois classes, et chaque classe en sections différentes. Le nombre des membres fut fixé à 144, résidans à Paris, et d'un égal nombre d'associés répandus dans les différentes parties de la république; de plus, 24 savans étrangers, 8 pour chacune des trois classes.

Ces trois classes furent subdivisées en sections.

La première classe fut réservée aux Sciences Physiques et Mathématiques; elle fut composée de dix sections, (Bonaparte s'en fit recevoir);

La seconde classe aux Sciences Morales et Politiques ; elle eût dix sections.

La troisième fut destinée à la Littérature et aux Beaux-Arts ; celle-ci fut divisée en huit sections :

1 la Grammaire.
2 les Langues anciennes.
3 la Poésie.
4 les Antiquités et Monumens.
5 la Peinture.
6 la Sculpture.
7 l'Architecture.
8 Musique et Déclamation.

Article 4. (1) Aucun membre ne pourra appartenir à deux classes différentes ; mais il peut assister aux séances.

Art. 6. L'Institut national aura quatre séances publiques par an. Les trois classes seront réunies dans ces séances aux époques des 15 vendémiaire, 15 nivose, 15 germinal et 15 messidor.

Art. 9. Pour la formation de l'Institut national, le directoire exécutif nommera quarante-huit membres qui éliront les quatre vingt-seize autres,

Les cent quarante-quatre membres réunis nommeront les assesseurs.

Le directeur la Réveillière-Lépaux, chef des *théophilantropes*, fut chargé par le directoire exécutif de l'organisation de l'Institut, dont il

(1) Les articles 4, 6 et 9 ne sont cités que comme ayant rapport, dans ce travail, à ce qui regarde les Académies royales de Peinture et Sculpture.

avait lui-même donné l'idée. Il en forma le noyau des hommes qui avaient le plus marqué dans la révolution, et les plus propres à seconder ses vues.

Il est à remarquer qu'il plaça dans la classe des Mœurs, qui est la seconde,

MM. Grégoire, *régicide.*
Cambacérès, *régicide conditionnel.*
Merlin, de Douai, *régicide.*
Syeyes, *régicide.*

MM. La Réveillère-Lépeaux, *régicide, chef des théophilanthropes.*
Lakanal, *prêtre défroqué.*
Daunou, *prêtre oratorien défroqué.*

Troisième classe,

MM. David, *régicide.*
Chenier, *régicide.*

MM. Monge, *prêtre marié.*
Villard, *prêtre défroqué.*

D'après les statuts, article 9, les premiers nommés complétèrent les places vacantes des personnages à leur convenance, et pensant comme eux; et pour les attirer, le gouvernement les combla de distinctions, et leur accorda un traitement de 400,000 francs par an, tandis que toutes les Académies royales ensemble ne coûtaient pas 150,000 francs.

Telle fut la première organisation de l'Institut, à sa fondation.

A mesure que le régime révolutionnaire disparaissait, et que Bonaparte anéantissait les jacobins pour dominer tranquillement, les savans furent invités à se présenter à l'Institut, qui, sans s'épurer, cependant se recruta de personnages honnêtes et faits pour honorer les arts.

Bonaparte, parvenu à la souveraine puissance, sépara les sections de Peinture, Sculpture et Architecture, d'Antiquités, de Musique et de Déclamation de la troisième classe de l'Institut, pour en former une particulière, sous le nom de la quatrième classe des Beaux-Arts.

Cette classe fut premièrement composée d'académiciens et agréés insurgés de l'ancienne Académie royale de Peinture et Sculpture ; ils se complétèrent d'artistes pensant comme eux, hors M. Vien, qui y fut admis par sa considération personnelle.

On ne connaît aucune loi existante des statuts qui règle le régime particulier de la quatrième classe de l'Institut, qui ait été sanctionnée par l'autorité qui dominait alors. Ils nommaient eux-mêmes aux places vacantes par mort, qui était la seule porte par laquelle on pouvait y être admis.

Ils firent entr'eux un règlement, que, passé trente ans, aucun élève ne serait admis à concourir au grand prix ; et un autre par lequel les jeunes artistes seraient seuls appelés pour les remplacer.

Qu'à soixante ans on serait inhabile à professer dans les écoles.

Leur régime intérieur est basé sur leur volonté; car ils l'ont enfreint plus d'une fois, entr'autres, en nommant un vieillard septuagénaire, M. Le Comte, qui, depuis plus de trente ans, ne s'occupait plus de son talent, qu'il avait abandonné; et ils avaient cependant réglé que des jeunes gens seuls auraient droit de les remplacer. Ils se sont arrogé le droit de juger les talens des maîtres et des élèves. Le despotisme de leur régime est une suite naturelle de celui du tyran qui a formé leur classe à l'Institut.

Actuellement il faut considérer quel est le plus avantageux à la France, et aux beaux-arts, des deux fondations des Académies royales telles qu'elles étaient, ou de l'Institut.

Les membres de l'Institut trouvent qu'il est plus honorable pour eux de faire partie d'un corps qui réunit en lui seul toutes les masses de connaissances et de lumières qui font honneur à l'esprit humain; et qu'étant membres de ce corps, ils en seront plus considérés, et leur état plus assuré, parce que faisant cause commune, ils deviendraient plus respectables pour les autorités.

Cette spécieuse raison flattait leur amour-propre et leur intérêt ; mais on peut leur objecter que tout corps qui dans un état peut influencer l'opinion publique, attire nécessairement l'attention d'un gouvernement, et plus sa surveillance que sa protection : que l'esprit de corps est un lien que resserre l'amour-propre, et fait souvent soutenir une cause que l'on rejetterait, si elle était étrangère. Que sous ce point de vue, un corps qui passerait pour le plus éclairé de l'Etat, et qui peut influencer l'opinion publique, est impolitique. L'événement de la révolution le prouve ; car presque tous les savans ont favorisé les erreurs qui ont égaré le peuple, lequel s'y croyait autorisé, en voyant, que des gens, qu'il était accoutumé à admirer, étaient les premiers à propager l'insurrection.

Ensuite, on peut encore leur dire que les quatre anciennes académies isolées, en fraternisant entre elles, jouiraient chacune de leur propre gloire, au lieu qu'en masse chaque classe prétend être la plus illustre ou la plus utile.

On ne peut citer des peintres ou sculpteurs qui aient assisté aux séances des autres classes de l'Institut. Il en est de même de celles-là, par rapport à elle : ils ne se voyaient qu'en se réunissant quatre fois l'an en assemblée générale. Si, sous le rapport de la politique, l'Institut est plus dangereux qu'utile, il en est de même pour celui des arts. C'est ce qui va être prouvé.

L'Institut est un brevet d'invalides pour ses membres ; car depuis sa création, M. David est le seul peintre de l'ancienne Académie qui ait exposé publiquement trois grands tableaux commandés par le gouvernement(1). Le grand âge de M. Vien l'a dispensé de donner des preuves de son talent bien reconnu. MM. Vincent et Regnaud n'ont rien exposé au salon depuis quinze ans.

Il y a eu plus de productions dans la sculpture que dans la peinture; mais aucune ne prouve que les artistes qui les ont faites aient augmenté ou même soutenu leurs talens, car beaucoup ont dégénéré.

Parmi les agréés de l'ancienne Académie admis membres de l'institut, aucun n'a rien fait qui surpassât ses morceaux d'agrément.

M. Gérard membre de l'institut, était élève de l'école de l'académie. Les plus habiles ar-

(1) Ces productions ne peuvent être mises en comparaison avec son *Bélisaire*, [illegible]*s*, et son tableau de la *Peste*, faits long-temps avant la révolution.

tistes ont puisé leur talent dans le sein de l'Académie, dont MM. Vincent, David et Regnauld, étaient membres avant la révolution. Ils s'y étaient formés; leurs maîtres y avaient puisé les principes qu'ils leur ont enseignés. Quels sont encore aujourd'hui les artistes dont on admire le plus les talens, et que l'académie s'honorerait d'avoir dans son sein? Ce sont ses derniers élèves, qui ne peuvent parvenir à entrer à l'Institut que par la mort d'un de ses membres.

Au lieu que les portes de l'Académie étaient ouvertes à tous les talens, les étrangers mêmes pouvaient y être admis en remplissant les règles des statuts; le nombre était illimité; la médiocrité et les mauvaises mœurs seules en excluaient.

Quels sont les hommes de talent, tant en peinture, sculpture et architecture, qui se sont formés depuis la destruction des académies? Il est difficile de répondre à cette question.

Le quatrième article des statuts de l'institut dit: « Aucun membre ne pourra appartenir à deux » classes différentes; mais il peut assister aux » séances ».

Quel éteignoir pour le talent! Un bon peintre ne pourrait donc pas s'honorer des connaissances profondes qu'il aurait pour la perfection de son art, acquis dans la chimie, les mathématiques (dont la perspective est un dérivé), ou bien dans l'anatomie ou la zoologie? il lui serait donc interdit, par cet article quatrième des statuts de la première classe, de rivaliser avec un savant de cette classe, qui pourrait être moins érudit que lui dans une de ces parties. Et l'on a osé calomnier l'académie royale de peinture, d'être despote au sujet de ses agréés! ce qui a été le prétexte de l'insurrection de plusieurs de ces derniers contre l'Académie.

Bonaparte, tout occupé de ses ambitieux projets, n'avait aucun sentiment des beaux-arts, qu'il confondait aussi avec les professions mécaniques; il associa dans la quatrième classe de l'institut, les peintres, sculpteurs, architectes, musiciens, acteurs, chanteurs: tous avaient voix pour juger en concours des talens qu'ils ne professaient pas. Aussi la cabale influençait-elle cet aréopage des arts; chaque talent divers pouvait dire à l'autre pour son protégé: « Passez-nous la rhubarbe, je vous passerai le séné », et le talent était écarté; l'honneur du corps était atténué par les divers intérêts, au lieu qu'à l'Académie royale de peinture et sculpture, tout, depuis l'école jusqu'au professorat, suivait le même système, conséquent pour le perfectionnement des beaux-arts. Encouragement, récompense, émulation, tout concourait au même but. L'énorme et ridicule procès-verbal de la quatrième classe de l'institut, sur le jugement porté à l'occasion des prix décernés le 17 pluviose an 2 de la république, par le jury des arts, est ridicule. Un membre de ce jury, M. Lescotfloriot, s'y qualifie de membre *juré révolutionnaire des arts*. Les jugemens de presque tous parlent plus de l'énergie républicaine, et de tout ce qui peut y contribuer, que des beautés ou des défauts de l'art dans les tableaux ou statues qu'ils ont loués ou critiqués. Ce ne pouvait être autrement ; très-peu étaient eux-mêmes artistes. Un jury des arts n'est pas comme un jury de justice : à celui-ci le bons sens, et un caractère probe, suffisent pour juger si tel accusé est coupable ou non ; mais en fait d'arts, un juge doit les avoir professés pour en connaître les beautés ou les défauts. Aussi un artiste ne peut lire sans pitié le verbal de ce temps.

Les jugemens de l'Académie royale de peinture et sculpture, étaient prononcés par des artistes professeurs ou académiciens, qui avaient donné preuves de leur talent, et qui étaient bien aises de n'admettre, par la voie du scrutin, dans ce corps, que des personnes faites pour l'honorer. Une loi de rigueur, comme celle du talent, était encore honorable pour l'académie ; car on ne pouvait y être présenté que par un académicien qui répondît des bonnes mœurs de l'aspirant. Une seule tache en excluait ; et même ceux qui s'en rendaient coupables étant reçus, en étaient chassés. Un corps où le talent était admiré, et l'artiste estimé, ne pouvait manquer de prospérer. Mais malheureusement ce qui devait les faire respecter, a été un titre de proscription pour les révolutionnaires, puisque le meilleur des Rois en a été victime ; et sa fidèle et honorable académie à suivi son sort.

Parallèle de la conduite de l'Académie royale de peinture et sculpture, avec celle des membres de la quatrième classe de l'Institut.

L'Académie royale de peinture et sculpture s'honorant de sa création royale et de ses sages statuts, s'est opposée dès le commencement de la révolution à toute innovation qui pouvait ébranler ses fondemens.

Quelques académiciens, la tête exaltée par les faux principes de liberté et d'égalité, qui ont égaré à la révolution beaucoup de Français, qui sont devenus par la suite coupables et régicides, formèrent le projet de renverser l'Académie, pour créer à leur manière une école d'enseignement qu'ils auraient dominée; et, pour augmenter leur nombre, ils s'assurèrent des agréés, s'assemblèrent et eurent des conférences, où ils arrêtèrent des propositions de changement que l'Académie ne pouvait, par honneur et justice, accepter. L'Académie, de son côté, leur fit des représentations amicales, auxquelles les membres insurgés ne répondirent qu'en allant à la barre de l'Assemblée nationale, se disant la majorité des membres de l'Académie, et demandant à quitter le nom d'École royale pour prendre celui d'École centrale des arts.

A l'époque où l'Assemblée constituante ordonna que le département serait chargé des dépenses des Académies, les membres de l'Académie, fidèles à S. M. et à leur noble institution, firent une lettre au Roi pour le remercier d'avoir eu la bonté même, jusqu'à ce moment, de subvenir à ses dépenses, et de les avoir soutenues aux frais de sa cassette. Les membres insurgés refusèrent de signer cette lettre de respect et de reconnaissance, disant que c'était une basse flatterie indigne de la noblesse du caractère d'un artiste.

Dès ce moment l'Académie fut divisée; et,

quoiqu'à grande majorité, elle ne se rassembla plus.

Les membres insurgés, au contraire, s'emparèrent de la salle de l'Académie et du fauteuil du président, et s'érigèrent en société d'école centrale des beaux-arts, qui fut adoptée par l'Assemblée nationale; l'école d'instruction lui fut confiée, et toutes les dépenses de son entretien furent confirmées. L'ancienne Académie fut dissoute avec les autres qui, comme elle, portaient le nom de royales.

Les artistes de tout genre de talent eurent droit aux expositions publiques; l'abus qui en est résulté était trop choquant pour ne pas rebuter le public habitué à ne voir aux expositions du Salon que les ouvrages d'artistes qui avaient déjà fait preuve de grands talens. Pour y remédier on créa un jury révolutionnaire des arts. Le ridicule procès verbal imprimé, qui existe, prouve la base des jugemens de ce jury, composé de personnages de tout état, comédiens, médecins, musiciens, hommes de lettres et artistes, dont même la réputation, chacun dans leur genre, n'était pas distinguée.

Les arts végétèrent de cette manière jusqu'au directoire, qui, ne voulant rien qui rappelât le régime de la royauté, crut en faire perdre le souvenir, en réunissant dans un même établissement toutes les sciences, et en les divisant en trois classes différentes. Il appela ce corps Institut, qu'il composa d'abord de personnages à sa dévotion. La troisième classe comprenait celle des beaux-arts, mais divisée en plusieurs sections, dont la musique et la déclamation firent partie ; celle de peinture fut composée des professeurs et académiciens insurgés de l'Académie, qui s'adjoignirent des agréés de leur parti. Ils se partagèrent toutes les places et les travaux. Les anciens académiciens, pour obtenir leur tranquillité dans ces temps de terreur, se crurent même heureux d'être oubliés. Ce régime des arts se soutint jusqu'à ce que Bonaparte parut et dominât sur les débris révolutionnaires du directoire. Il forma une classe particulière des beaux-arts.

En séparant la section des arts de la troisième classe de l'Institut, cette quatrième, qu'il appela la quatrième classe des beaux-arts, fut composée des mêmes élémens, peinture, sculpture, architecture, musique, médecine, déclamation, etc. ; l'école d'enseignement resta soumise au même régime. Les talens étaient dominés par celui qui les dirigeait et voulait plaire à un maître tyran, à qui toutes sortes de flatteries étaient agréables ; et la représentation des faits révolutionnaires dominèrent au salon. Leur motif décidait à leur admission plus que le mérite de leur exécution ; et si l'on a vu au Salon des productions de grands talens, ils sont dus aux élèves de l'ancienne Académie, et non à ceux des écoles qui se sont formées depuis.

Ce genre de choses exista jusqu'à l'heureux retour du Roi, qui, dans sa bonté, et désirant en bon père de famille l'union parmi tous ses enfans, déclara qu'il pardonnait toutes les erreurs et fautes révolutionnaires. Il rappela à ce sujet les dernières et admirables paroles de Louis XVI dans son testament, et comme héritier par droit légitime de succession de son trône, il respecta ses dernières volontés.

A cette époque, l'ancienne Académie royale de peinture, dont le sort avait suivi celui des Rois ses fondateurs, partageant le bonheur des Français au retour de la royauté, s'empressa de porter au pied du trône l'expression de son respectueux dévouement et son vœu pour son rétablissement. Le Roi accueillit avec bonté sa juste demande, et ordonna à son ministre de l'intérieur de rétablir son Académie royale de peinture, à qui il accorda provisoirement un local pour y tenir ses séances d'assemblée.

Lors de l'arrivée du Roi au mois de mai 1814,

les membres de l'ancienne Académie royale de peinture, sculpture et gravure s'étant empressés de se réunir, invitèrent par lettres les artistes de la quatrième classe de l'Institut, qui étaient leurs anciens confrères de l'Académie, à se réunir à eux ; les lettres d'invitation n'eurent aucune réponse.

L'Académie ayant obtenu ensuite du ministre de l'intérieur un local provisoire au palais des Quatre-Nations, nomma une députation pour le remercier de cette première faveur. Le ministre lui dit que des artistes membres de la quatrième classe de l'Institut étaient venus lui exprimer le désir qu'ils avaient de se réunir à l'Académie de peinture dont ils approuvaient les réclamations. Le ministre invita les artistes de l'Académie à écrire de nouveau à leurs anciens confrères de l'Académie. L'invitation du ministre ayant été mise à exécution, l'Académie reçut une lettre dont voici une partie du contenu : « Que les artistes de l'Institut ne pouvaient reconnaître leurs anciens confrères comme formant une Académie, attendu qu'il existait une loi qui les avait toutes abolies. » Ce fut cette réponse qui motiva le mémoire présenté au Roi par l'Académie royale de peinture.

Les membres de la quatrième classe de l'Institut firent tous leurs efforts pour paralyser l'ordre formel du Roi à son ministre, lequel l'avait signifié à cette quatrième classe de l'Institut, en lui défendant de s'assembler et de se recruter de nouveaux membres. Soit que les grandes affaires du ministre ou des intrigues sourdes dans les bureaux aient retardé l'exécution des ordres du Roi, les choses restèrent ainsi jusqu'à son départ. Plusieurs se vantaient même d'un changement dans le gouvernement.

Un fait remarquable est qu'au retour de Bonaparte le mot royal fut remplacé par celui impérial; mais à la seconde entrée du Roi dans sa capitale, le mot impérial fut encore effacé; on préféra substituer le mot d'Institut de France à celui d'Institut royal.

Le retour de Bonaparte fut manifesté par des témoignages de satisfaction signalée de la quatrième classe de l'Institut. Le discours qu'Étienne (1) prononça à l'usurpateur, à la tête

(1) *Extrait du Moniteur, n° 93, lundi, 3 avril 1815.*

Paris, le 2 avril.

Avant la messe, l'Empereur a reçu, dans la salle du trône, l'Institut, qui a été introduit par Son Excellence le Grand-Maître des Cérémonies, et présenté par le Prince Archi-Chancelier de l'Empire.

de son corps, prouve l'esprit qui l'animait. Tous se sont empressés de signer l'acte additionnel qui déclarait la famille royale des Bourbons à jamais déchue de la couronne et bannie de France.

M. le chevalier Etienne, président, a lu l'adresse conçue en ces termes :

SIRE,

« Les sciences que vous cultiviez, les lettres que vous » encouragiez, les arts que vous protégiez, *ont été en deuil* » *depuis votre départ.*

» L'Institut, attaqué dans son heureuse organisation, » voyait avec douleur la violation imminente du dépôt qui » lui était confié, la dispersion prochaine d'une partie de » ses membres.

» *Nous appelions un libérateur avec toute la France*, » la Providence nous l'a envoyé.

» Vous êtes venu au secours de la *nation inquiète sur* » *tous ses intérêts, blessée dans ses plus chers sentimens*, » *offensée dans sa dignité ; et la route que vous avez par-* » *courue des bords de la méditerranée jusqu'à la capitale*, » *a offert l'image d'un long triomphe.*

» *Une dynastie abandonnée par le peuple français, il y* » *a plus de vingt ans, s'est éloignée devant le Monarque* » *que le vœu du peuple français avait appelé au trône par* » *la toute-puissance de ses suffrages trois fois réitérés.* »

» Vous allez nous assurer, Sire, l'égalité des droits des » citoyens, l'honneur des braves, la sûreté de toutes les » propriétés, la liberté de penser et d'écrire, enfin une

Le buste du tyran fut conduit en triomphe par le directeur des arts sur la porte du Musée, accompagné de ces élèves, qui furent invités de signer l'acte additionnel sur un registre dressé à cet effet.

La conduite de la fidèle Académie royale de peinture et sculpture a été l'opposé de celle de l'Institut. Au depart du Roi, elle s'est résignée à attendre son retour : elle a éprouvé la même persécution qui l'avait accablée pendant vingt-cinq ans. L'Institut triomphait et avait profité de cet intervalle pour s'augmenter de plusieurs artistes, anciens élèves de l'Académie royale, dont les talens pouvaient honorer ce corps.

» constitution représentative. Bientôt nous verrons terminer ces grands monumens des arts dont nos villes s'enorgueillissaient, et ceux qui devaient répandre d'une extrémité de l'Empire à l'autre, la vie et la prospérité.

» Sire, *hâtez le moment où placé entre votre épouse et votre fils*, entouré des représentans d'un peuple libre et fidèle, qui vous apporteront de tous les départemens le vœu national, le résultat d'une expérience de vingt-cinq années de révolution, vous renouvellerez avec la France le contrat auguste et saint qui est resté gravé dans tous les cœurs français, et qui, fortifié par toutes les stipulations, par toutes les garanties qu'appelle l'opinion publique et que promet votre sagesse, attachera pour jamais la nation à votre personne et *à votre dynastie.* »

Mais aussitôt qu'il a été possible à l'académie d'entrevoir les moyens d'aller au-devant du Roi, pour lui présenter l'hommage de sa constante et respectueuse fidélité, elle n'a pas attendu son arrivée à Paris; et sa députation a forcé les barrières par aller à Saint-Denis, où elle est parvenue à mériter de S. M. la même assurance de sa satisfaction et de sa protection. Depuis l'heureux retour du Roi, l'académie n'a cessé de faire des réclamations pour rentrer, d'après les ordres de S. M., dans ses honorables fonctions.

L'académie fit de nouvelles représentations au ministre de l'intérieur, qui demanda à l'académie une lettre officielle signée du président, dans laquelle sa demande serait énoncée. Il promit de la mettre sous les yeux du Roi au premier conseil. Dans cet intervalle, la quatrième classe de l'institut avait ordre de ne plus s'assembler, et était rayée de dessus le budget; les membres qu'elle avait nommés en l'absence du Roi n'avaient pas été confirmés : tout démontrait sa suppression, lorsque l'académie a appris avec étonnement que la quatrième classe de l'institut avait été invitée à donner son avis sur sa position et les avantages de son établissement. L'adjoint secrétaire consulté avait trop d'intérêt d'être conservé, pour ne pas employer toutes ses raisons à son avantage.

Ce secrétaire est encore un abus de l'institut. Il a voulu courir la carrière des arts ; il n'a pas pu même avoir une médaille. Il est allé à Rome, et se dit architecte. Il n'a pas encore construit une muraille, et on ne connaît rien de lui qui lui donne droit à ce titre, et que les architectes lui refusent. Enfin, M. Dufourni s'est fait donner par le gouvernement la commission de faire mouler à Rome des ornemens antiques : ce qui lui a donné entrée à l'institut. Voilà la personne qui a été consultée pour décider du sort de l'académie qui, de son côté, a proposé au ministre d'ordonner aux membres de l'institut de faire un mémoire motivé et imprimé de leurs raisons ; ensuite de nommer une commission, pour discuter contradictoirement avec pareilles formalités de la part de l'Académie royale, leurs intérêts respectifs.

Ce moyen paraissait à l'Académie le plus juste et le plus sage, et en même temps le plus propre à éclairer le ministre : l'académie n'a pas encore pu obtenir satisfaction à ce sujet ; mais seulement que l'affaire de l'académie et de l'institut serait portée au conseil du Roi. Et comme défenseur naturel, et spécialement chargé par l'académie de soutenir ses droits, j'ai l'honneur de les exposer ici pour éclairer la religion de ses juges.

Des Encouragemens.

Les encouragemens dans les beaux-arts sont le véhicule de l'émulation, sans l'émulation point de progrès, sans progrès plus de gloire dans les beaux-arts.

C'est pour justifier ce principe, qu'il est à propos de transcrire ici ce que Louis XVI, d'illustre mémoire, ordonna à son Académie de peinture, lorsqu'il apprit que l'émulation dans les beaux-arts s'affaiblissait, même au sein de son Académie.

Sa Majesté Louis XVI écrivit dans l'hiver de 1788 « une lettre au corps administratif de l'Aca-
» démie, laquelle lettre lui fut communiquée par
» l'organe de M. le comte d'Angevilliers, alors
» ministre des arts. Il ordonnait au directeur de
» l'Académie de peinture et sculpture, de convo-
» quer une assemblée particulière, à l'effet d'ap-
» peler tous les artistes, peintres, sculpteurs de
» l'Académie, pour qu'ils eussent à faire con-
» naître où ils en étaient pour leurs morceaux de
» réception; par cette lettre, Sa Majesté signifiait
» que mécontent de la négligence des artistes
» agréés, il leur serait encore accordé trois années
» pour terminer leurs morceaux de réception,
» que passé ce temps, ils seraient entièrement

» rayés de l'Académie, et privés des logemens
» ou ateliers que quelques-uns d'entr'eux avaient
» obtenu par faveur et contre les statuts de l'Aca-
» démie, qui n'accordaient qu'aux seuls acadé-
» miciens le droit de se mettre sur les rangs pour
» les travaux et pour les logemens et ateliers,
» selon leur rang de réception. »

Telles étaient avant la révolution les récompenses accordées à ceux des artistes qui parvenaient par leur talent au rang d'académicien.

A l'égard des élèves, les encouragemens étaient encore attachés à l'organisation des écoles de l'Académie de peinture, concours pour les places à l'étude du modèle vivant, concours pour les médailles de mois, concours pour le grand prix qui conduit l'élève de l'Académie de France à Rome. Arrivé à Rome, nouvelles obligations imposées à tous les artistes peintres et statuaires, d'envoyer chaque année aux frais du gouvernement, des études qui constatent qu'ils occupent leur temps du pensionnat à se perfectionner dans leur art. Même loi imposée aux élèves architectes envoyés à Rome par l'Académie d'architecture.

Les beaux-arts ont-ils gagné depuis le renversement des Académiciens ? Non, rien. A cet égard, l'organisation de l'Académie royale de peinture et sculpture, porte un caractère fort différent de celui des autres sociétés savantes, telles que les autres Académies royales des sciences, des belles lettres et de l'Académie française.

Les places accordées aux hommes qui se distinguent dans l'un de ces trois corps savans, peuvent être considérées comme la dernière récompense accordée à ceux dont les talens dans les lettres ou dans les sciences, ne laissaient plus aucun doute, puisqu'ils avaient déjà été couronnés par des succès plus ou moins brillans, et qu'ils sont appelés par leur réputation à siéger dans l'une ou l'autre de ces sociétés savantes, et souvent même dans toutes les trois.

Il n'en est pas ainsi de l'organisation de l'Académie royale de peinture et sculpture, qui est un collége enseignant et toujours en activité : elle tient son école en permanence, tous les moyens d'émulation y sont combinés et propres à développer l'intelligence, et les facultés de l'élève laborieux.

L'artiste est-il parvenu à être admis agréé, il lui faut de nouveaux efforts pour être reçu Académicien. Veut-il mériter une continuité d'occupation dans les travaux du gouvernement, il faut qu'il prouve par ses productions, que son talent s'est au moins soutenu s'il ne s'est même pas accru. L'opinion d'hommes éclairés en fait d'arts est là pour les juger avec sévérité, et le gouvernement continue ou refuse aux artistes des travaux, suivant l'opinion des savans qui règlent sa conduite à leur égard.

L'Académie royale d'architecture, dont l'organisation est, sur beaucoup de points, semblable à celle de peinture, a, comme elle, ses écoles et des encouragemens pour ses élèves sous la même surveillance et protection du gouvernement.

La différence de connaissance qui distingue la peinture et la sculpture de l'architecture, est que celle-ci est basée mathématiquement sur le compas et la règle ; elle exige la symétrie, des règles parallèles et l'aplomb ; elle demande des connaissances profondes en mathématiques, géométrie et la combinaison des forces mécaniques ; de plus, une étude particulière des productions de la nature relatives aux matériaux.

La peinture, au contraire, est un art de sentiment et d'expression ; un caprice heureux produit souvent des beautés que l'on admire. Son génie n'est pas combiné avec le calcul, comme dans l'architecture, qui pourrait, par sa nature, être aussi bien classée avec l'académie des sciences qu'avec celle du dessin.

Heureux l'être privilégié à qui la nature a accordé les facultés d'intelligence et de talent qui forcent ses semblables à l'estimer et même à l'admirer ! Ceux-là méritent l'attention et la puissante protection du gouvernement qui s'honore en procurant à un savant de tout genre, les moyens de développer son mérite par ses productions.

LE MARQUIS DE PAROY.

FIN.

Indication des Ouvrages à l'appui de ce Précis.

Observations sur les Arts et morceaux de Peinture et Sculpture exposés au Louvre. 1748.

Déclaration du Roi en faveur de l'Académie royale de peinture et scupture. Versailles, 15 mars 1777.

Considérations sur les Académies, et particulièrement sur les Académies royales de peinture, par M. Deseine, sculpteur du Roi et membre de l'Académie royale de peinture.

Adresse à l'Assemblée nationale par la presque totalité des Officiers de l'Académie royale de peinture et sculpture, auxquels se sont joints quelques Académiciens. 30 novembre 1790, chez la veuve Hérissant.

Procès-verbal de la première séance du jury des arts nommé par la Convention nationale, en vertu des décrets des 9 et 15 brumaire an 2 de la république. Séance du 17 pluviose même année, imprimerie nationale.

Esprit des Statuts et Règlemens de l'Académie royale de peinture et sculpture, pour servir de réponse aux détracteurs de son régime, par M. Renou, peintre du Roi et secrétaire perpétuel de l'Académie de peinture et sculpture. 22 mai 1790.

Adresse et Projet de Statuts et Règlemens pour l'Académie centrale de peinture, sculpture, gravure et architecture, présentés à l'Assemblée nationale par la majorité des membres de l'Académie royale de peinture et sculpture, en assemblée délibérante. 1790, Paris, chez la veuve Valade, rue des Noyers.

Considérations sur les Arts du Dessin en France, suivies d'un plan d'académie ou d'école publique et d'un plan d'encouragement, par M. Quatremère de Quincy. Chez Duchesne, libraire, imprimerie de Devaux, rue de Chartres, n° 27. 1791.

Précis motivé par les Officiers de l'Académie royale de peinture et sculpture et Académiciens, pour servir de réfutation à un projet de statuts d'Académie centrale par quelques Académiciens. Mars 1791, chez la veuve Hérissant, imprimeur du Roi.

Lettre d'un Artiste, à M. M. . . , député à l'Assemblée nationale, sur les nouveaux Ecrits qui ont rapport aux Beaux-Arts et aux Sociétés d'Artistes. 20 mai 1791, imprimerie de H.-J. Jensens, cloître Saint-Honoré.

Adresse à l'Assemblée nationale, relativement aux patentes pour les Lettres et les Beaux-Arts, par M. Renou, secrétaire de l'Académie royale de peinture. Paris, 15 mai 1792.

Pétition par l'Académie de peinture et sculpture, lue à la barre de l'Assemblée nationale. 5 novembre 1791, chez la veuve Hérissant.

En 1812, le même artiste a publié un écrit sur les Monumens enlevés des temples consacrés à la religion catholique; un autre ayant pour titre : Opinion sur les Musées en général, et particulièrement sur celui des Petits-Augustins.

Notice historique sur l'ancienne Académie royale de peinture et sculpture, par M. Deseine, le même artiste est le rédacteur du Mémoire au Roi, imprimé en 1814, chez Fain, rue Racine.

www.ingramcontent.com/pod-product-compliance
Ingram Content Group UK Ltd.
Pitfield, Milton Keynes, MK11 3LW, UK
UKHW020341220726
13923UKWH00004B/1531

9 782014 465150